平和のつくり方

安心な未来を子どもたちに

高木善之
yoshiyuki takagi

『地球村』出版

まえがき

いまの日本は、戦後数十年の中でもっともキナ臭い。

安倍総理は「積極的平和主義」と唱えながら、平和とは逆方向に歩み始めました。

中国、韓国との関係は急激に悪化、空と海でも危険レベルが急上昇、そんな中での総理が「靖国神社参拝」を強行しました。

このことは中国、韓国の激しい反発だけではなく、欧・米・ロからも「遺憾」「失望」というメッセージが発せられました。

この問題は国際的な問題に発展し、経済面にも影を落とすでしょう。


こうした事態に、私たちはどうすればいいのでしょう。

平和を求める人の方が圧倒的に多いのに、なぜ平和が実現しないのか。

核兵器を望まない人の方が圧倒的に多いのに、なぜ核廃絶が実現しないのか。

原発を望まない人の方が圧倒的に多いのに、なぜ脱原発が実現しないのか。

それらはすべて同じ問題なのです。

私たちはニュースを見て、初めて知ったり、驚いたりしますが、その後どうしているでしょう。「誰かが何とかしてくれている」と思っているのではないでしょうか。残念ながら、問題の多くは解決されず放置されているのです。

例えば2013年、高級ホテルや料亭、スーパーでの「食品偽装」が数百件発覚しました。あの事件はその後どうなったかご存じでしょうか。

行政指導を受けたのはたった3件、それも半年後のチェックで改まっていなければ行政処分を受けますが、過去こうした事件で行政処分を受けたケースはゼロです。

無駄な公共事業、復興予算の不正流用、予算の不正請求、天下りによる不正受注など様々な問題が発覚していますが、それはニュースになっただけで実際にはほとんど「お咎めなし」、「改善なし」なのです。

この冊子は、平和だけではなく多くの問題について、「なぜ解決しないのか」、「どうすれば解決や実現ができるのか」についてまとめました。

あなたご自身が理解され、平和の実現に向けて歩み始めてもらいたいのです。

あなたの仲間にも、このことを知らせ、共に歩み始めてもらいたいのです。

まえがき

第一章　世界の現状

第二章　日本の現状

第一章　世界の現状

第二次大戦後も、ベトナム戦争、湾岸戦争、イラク戦争など途切れること無く戦争が続いています。いま世界で、どれだけ戦争や紛争が起こっているでしょうか。

最新のデータによると約30の国や地域で武力紛争が起こっていて、世界人口の3分の1にあたる20億人以上の人々が紛争に巻き込まれています。

核兵器

核兵器とは、原爆や水爆など巨大な破壊力を持つ核爆弾や核弾頭です。

水爆は原爆よりもはるかに巨大な破壊力があります。

ソ連が1961年に実験した水素爆弾の破壊力（50メガトン）は広島原爆（15キロトン）の

図表①：戦争による死者数

第一次大戦の死亡者数 約1000万人
第二次大戦の死亡者数 約5000万人
第二次大戦以降の戦争による死亡者数 5000万人以上

3000倍以上。致死半径60㎞は関東地方の大部分を飲み込み、全人口3600万人の大部分が死亡します。

この水爆実験は50年前のものであり、現在は1000メガトン（広島原爆の6万倍以上）でも製造が可能なのです。一発で本州、日本全体を破壊するでしょう。

★どう思いますか

水爆一発で関東を一瞬のうちに破壊し、数千万人もの人間を殺すことができるのです。人はミスを犯すし、コンピュータもミス（故障）を犯します。人間は作ってはいけないものを作ってしまったのです。

故意であれミスであれ、使われれば人類は終わり、世界は終わり、という最終兵器が存在するのです。この現実をどうすればいいのでしょう。

★核兵器の現状

世界には1万7千発以上の核弾頭があります。

巨大な核爆弾（50メガトン）は一発で関東全体を破壊しますが、ミサイルで遠方を攻撃する核弾頭（1メガトン以下）でも一発で一つの都市を破壊します。

1万7千の核兵器は全世界を何度も破壊できるでしょう。

★自動報復システム

核保有国は自動報復システムを持っています。これは自国へのミサイル発射を探知すれば、自動的に報復攻撃をするシステムです。もしなんらかの事故でこのシステムが起動すればミサイルが発射され、相手国の自動報復システムも起動します。

集団的自衛権とは、こうした戦争に積極的に参戦するということなのです。

アメリカが攻撃されたなら、日本もその相手に向かっていくということですから、相手がアメリカを攻撃する際、その同盟国として日本にも同時に攻撃するでしょう。

図表②：核保有国の核弾頭数

ロシア	8500
アメリカ	～7700
フランス	～300
中国	～250
イギリス	225
パキスタン	100－120
インド	90－110
イスラエル	～80
北朝鮮	<10
合計	～17270

（SIPRI/World nuclear forces,2013）

★ミサイルの迎撃は不可能

「ミサイル攻撃をミサイルで迎撃する」というシステムに巨額の予算を投じていますが、これは気休めの無駄です。ミサイルの速度は音速の5～10倍、ニューヨーク～東京間を30分で飛ぶのです。秒速数千メートル、時速数千キロで飛ぶミサイルをミサイルで迎撃することは不可能です。

ニュースで見せられる迎撃実験の成功は、自分が撃ったミサイルを計算された軌道上で迎撃する自作自演のデモンストレーション（やらせ）です。

例えるなら、計算通りに飛ぶピストルの弾丸を別のピストルで撃ち落とすことは可能でも、不意に発射されたら弾丸を撃ち落とすのは不可能なのです。

★廃絶以外に道はない

核兵器の他にも、サリンなどの毒ガスをばらまく化学兵器や、炭疽菌《たんそ》、細菌、ウイルスなどをばらまく生物兵器と呼ばれる大量破壊兵器が無数に存在します。

大量破壊兵器が存在している限り、故意であれミスであれ、使われれば大惨事が起き、世界の終焉が来るかもしれないのです。

廃絶以外に、人類存亡の危機を避ける道はありません。

❀第二次世界大戦後

第二次大戦後、世界で100回以上の戦争や紛争がありましたが、朝鮮戦争、ベトナム戦争、湾岸戦争、アフガン戦争、イラク戦争など多くはアメリカが仕掛けたものや関わったものです。（70回以上）

図表③：第二次大戦後のアメリカによる主な軍事介入
（全 78 カ国・地域からの抜粋）

中国（1945-51）、朝鮮（1945-53）、ベトナム（1945-79）、イラン（1953）
グアテマラ（1953-90 年代）、カンボジア（1955-73）
インドネシア（1957-58）、ラオス（1957-73）、キューバ（1959-）
コンゴ（1960-65）、ペルー（1965）、タイ（1965-73）
・
・
・
東ティモール（1975-99）、ニカラグア（1978-90）、グレナダ（1979-83）
エルサルバドル（1980-92）、パナマ（1989）
湾岸戦争（イラク・クウェート）（1990 年代）、ユーゴスラビア（1995-99）
・
・
・
アフガニスタン（1998-）、イラク（2000-）、パキスタン（2004-）
レバノン（2006）、ソマリア（2007）、リビア（2011）、ウガンダ（2011）

★テロはない

テロとは「自分が主張する政治的目的を達するための暴力的な無差別攻撃」であるので、対立する者は互いに相手をテロリストと呼びます。

アメリカは「アメリカは正義、相手国はテロ国家」と主張し、相手国も「自分たちこそ正義、アメリカこそテロ国家」と主張します。

★正義の戦いもない

戦争に正義は存在しません。「正しい、正しくない」は主観なのです。

お互いに「自分が正しい」と主張することで戦争が始まるのです。

戦争は、政治家のちょっとしたプライドと小さな判断ミスで始まり、国民の大きな犠牲、悲しみと苦しみで終わります。

朝鮮戦争では死者500万人を出し国が分断され、ベトナム戦争ではベトナム人死者200万人を出し、隣接するカンボジアやラオスにも大きな犠牲を出しました。湾岸戦争、中東戦争でも多大な犠牲を出し、地域はその後ずっと不安定です。

戦争のあとも、生活が破壊され、飢餓貧困が増え、報復テロや犯罪が増えます。

ベトナムでは化学兵器（枯葉剤）による先天性障害を抱えた子の誕生が続いています。

これらの戦争は、すべてアメリカが介入したために犠牲が大きくなったのです。

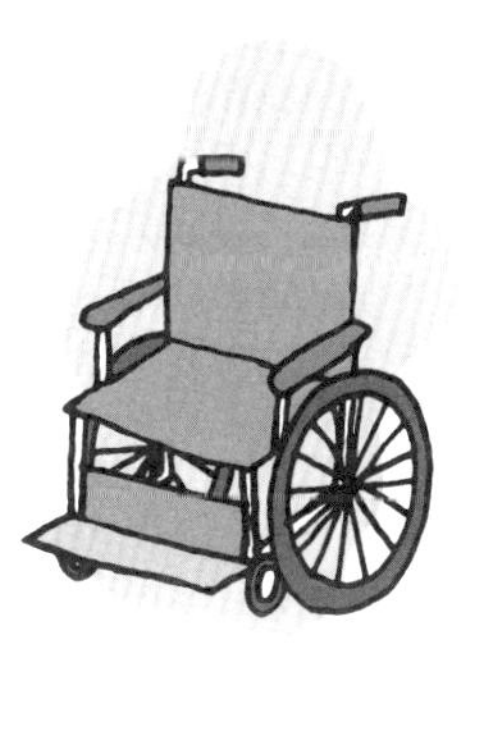

地雷

戦後の被害の一例として、地雷について述べます。

世界中に埋設されている地雷は7千万個といわれています。世界では今でも地雷や不発弾によって、手足を失ったり、子どもたちが命を落とすなど多くの死傷者が出ています。最近は地雷除去のNGOの努力によって、死傷者数は年間約3000人まで大きく減少しました。しかし、ボランティアによって掘り出される数は1年に25万個。全ての除去には280年以上必要です。

★カンボジアの地雷

面積あたりの地雷の数が最も多いと言われているカンボジアは、500万発の地雷が埋められ、これまで2万人が死亡、4万人が負傷し、身体に障害を抱えた人も多数います。今も毎年1000人以上が死傷しています。

★カンボジアでの撤去活動

私もカンボジアで撤去活動に参加したことがあります。

対人地雷は50グラムの小さなものですが、爆破処理は100メートル離れていても凄まじい爆発音で、防弾チョッキ越しでも衝撃を感じます。10人チームで一週間で撤去できる地雷は数発です。地雷探知機は釘一本にも反応し、そのたびに手で慎重に土を掘っていくのですが、ほとんどは金属片であり、地雷を発見し掘り出すにはかなりの時間と手間がかかるということを痛感しました。

私が参加した数ヶ月前には、対戦車地雷が誤爆して7人が死亡しました。対戦車地雷は重さが5キロ以上、対人地雷の100倍の威力があり、7人の死者のうち遺体が見つかったのは3人だけ。あとは粉砕されて遺体も発見できなかったそうです。

私たちは慰霊施設を訪れて参拝、遺族に会いました。カンボジアの遺族は静かに迎えてくれ、「息子（娘）はいいことをした。誇りに思う。カンボジアのためにがんばってくれている日本人に感謝している」との言葉に心を打たれました。

図表④：各国の年間軍事費支出

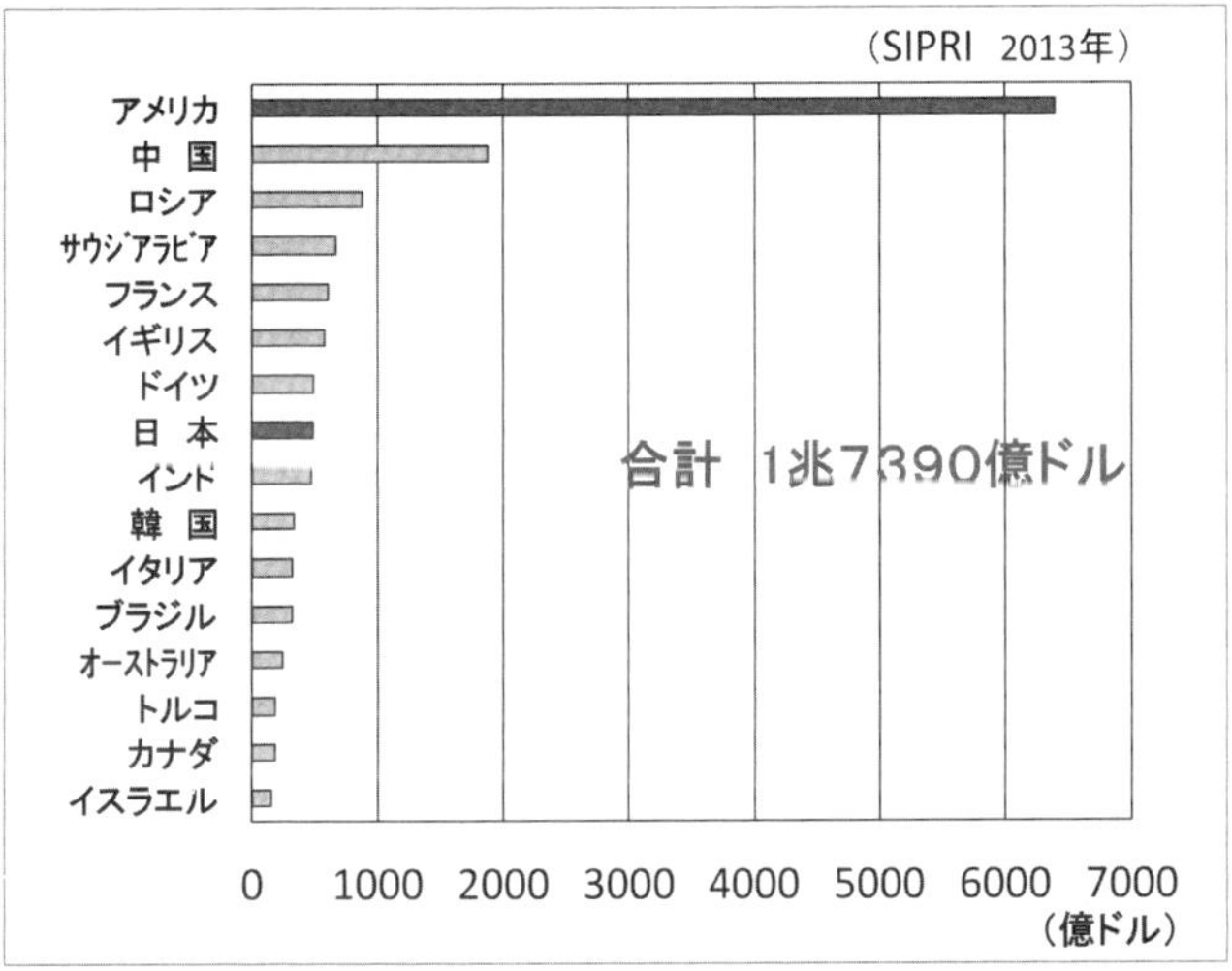

★撤去のコスト

対人地雷は一個3ドルですが、撤去にかかるコストは、訓練、装備、人件費、爆破処理を含めると一個300ドル以上。世界の地雷7千万個の撤去には280年の歳月と3兆円以上の費用が必要ということになります。

なんという愚かなことをしたのでしょう……

戦争はビジネス

戦争は軍需企業にとって最大のビジネスです。

戦争ビジネスではアメリカが最大のお客。アメリカが戦争を仕掛ければ相手国も武器を購入しなければならず、お客が増える仕組みなのです。

★武器の消費期限

戦争ビジネスでは、武器は商品、軍事費は売上です。武器の消費期限（保証期間）は10年ですから、10年毎に大きな戦争が起こるのです。

★戦後もビジネス

戦争ビジネスでは、戦後もビジネスなのです。

戦争で破壊された民家、病院、学校、道路、橋、鉄道、水道、電気、工場、プラント、インフラなど、あらゆるものを復興しなければなりません。戦争が激しいほど破壊も激しいから「復興ビジネス」も大きくなります。

この巨大な復興ビジネスもまた戦勝国の企業が独占します。

図表⑤：武器の値段

機関銃…１回の連射で３万円	
対空機関砲…30 秒で１億円	
爆弾…100 万円～ 300 万円（爆撃機１機で２億円の爆弾）	
戦車…10 億円	軍用ヘリ…70 億円
オスプレイ…100 億円	戦闘機…150 億円
イージス艦…1500 億円	ミサイル巡洋艦…3000 億円
空母…４兆円（戦闘機 100 機、爆弾、砲弾、弾薬を含めて６兆円）	

図表⑥：軍事費を平和に使うと平和は実現できる

全世界の地雷の撤去	２００億ドル
全世界の核兵器の解体	６００億ドル
全世界の飢餓の救済	１０００億ドル
貧困国の債務の免除	４０００億ドル
合　計	５８００億ドル

日本もビジネスチャンスを得るために、アメリカの戦争に協力してきました。

朝鮮戦争でもベトナム戦争でも、その「特需」が日本の経済を潤しました。

しかし、湾岸戦争でも同盟国の中で最大の90億ドル（約1兆円）を拠出しましたが、アメリカは喜びませんでした。むしろ「日本はお金しか出さない。兵士も出すべきだ」と考えているのです。いや、要求しているのです。

政府が画策している「集団的自衛権」は、これに応えるためのものなのです。

★世界の軍事費を平和に使えば

世界の軍事費のたった1年分（1兆7530億ドル）で、地雷をなくし、核兵器をなくし、飢餓・貧困を救うことができるのです。

つまり軍事費を平和に向ければ、平和が実現できるのです。

それができていないことが残念でなりません。

第二章　日本の現状

日本は平和憲法を制定以来、これまでは半世紀以上にわたりどの国とも表立った争いや戦争はしていません。それは素晴らしいことですし、誇れると思います。

日本国憲法は平和憲法

憲法前文には、日本の平和のみならず、全世界の平和が書かれています。

> ……日本国民は、恒久の平和を念願し……
> われらは、全世界の国民が、ひとしく恐怖と欠乏から免れ、平和のうちに生存する権利を有することを確認する。
>
> 「日本国憲法前文」より抜粋

憲法9条には、「戦争の放棄」「戦力の不保持」「交戦権の否認」が書かれています。

1. 日本国民は、正義と秩序を基調とする国際平和を誠実に希求し、国権の発動たる戦争と、武力による威嚇又は武力の行使は、国際紛争を解決する手段としては、永久にこれを放棄する。
2. 前項の目的を達するため、陸海空軍その他の戦力は、これを保持しない。国の交戦権は、これを認めない。

「日本国憲法9条」より

日本はどこへ行く

安倍政権発足後、日本の状況は大きく変わりました。原発の再稼働と推進、領土問題、憲法改正と秘密保護法、武器輸出三原則の見直しと韓国軍に弾薬供与など、右傾化、軍国化が目立ち、日中韓の関係が急速に悪化しました。民主党政権下で縮小されていた防衛費は年々増加し、2014年度は総額5兆円を突破。2015年度はさらに増えることが予測されています。

領土問題

韓国とは竹島問題、中国とは尖閣諸島問題がありますが、その歴史をたどれば、両方とも長く領有の明確ではない無人島でした。

竹島は日本が戦争中（朝鮮併合時）に領有宣言しましたが、敗戦により無効になり、その後韓国が実効支配しています。

尖閣諸島は日清戦争中に日本が領有宣言しましたが（中国と合意したものではない）、敗戦によって無効になりました。その後も、双方はっきりとした話し合いも、合意もないまま、1970年ごろ東シナ海で大規模な地下資源（石油、天然ガス）が発見されてから中国、台湾が主張を始めた経緯があります。日本側では日本人（個人）の所有になっており、東京都による買収の動きがあったため、当時の民主党野田政権が国有化を宣言、中国が強く抗議しました。それ以来、日本側から見ると、中国軍用機の領空侵犯、中国艦船の領海侵犯が続いています。中国では反日が激化、中国にある日本の企業がデモ隊に攻撃されたり、日中双方の貿易が減少、観光客が減少するなど経済的なダメージははかりしれません。

★安倍政権の対応

「積極的平和主義」を打ち出したものの、話し合いではなく「領土問題は存在せず」と従来の立場を変えず、自衛隊機のスクランブル（緊急）発進や巡視艇を派遣するなどの警戒、威嚇を続けています。

双方が、話し合いではなく軍事行動をエスカレートさせている現状では、いつ軍事衝突が起こるかわかりません。

✿平和憲法と自衛隊

日本の平和憲法（憲法9条）には3つの重要な柱「戦争放棄」「武力を保持しない」「武力を行使しない」があります。

「武力を保持しない」のだから自衛隊は違憲ではないかという議論はありますが、国際的には「防衛のみの兵力」は認められているので「自衛隊は違憲ではない」という憲法解釈が定着しています。

自衛隊がアメリカのアフガニスタン攻撃やイラク戦争に協力したり、国連のＰＫＯ（平和維持軍）に参加することについても異論がありますが、日本政府は「道路建設や給水などの武器を使わない平和維持活動は違憲ではない」という憲法の拡大解釈をしてきましたが、これはグレーです。なぜなら、こうした活動は見方によっては、戦争に加担、アメリカに加担とも見えるからです。

★憲法改正論

安倍総理は平和憲法の3つの柱をすべて覆し、「自衛隊を国防軍とする」「集団的自衛権を認める」「集団的自衛権は行使できる」に変更しようとしています。こうなれば平和憲法はふつうの憲法になり、自衛隊はふつうの軍隊になるのです。

憲法9条（平和憲法）を変える準備として、憲法96条（憲法改正の発議条件）を変えようとしています。これは憲法改正の発議条件を全国会議員の「3分の2以上の賛成」から「過半数の賛成」にハードルを下げることです。そうなれば与党が過半数であればかんたんに発議できてしまうことになります。

★本当の「積極的平和主義」とは

「消極的平和主義」は、「私はどちらにも加担しませんから、私のこともほうっておいてね」ということです。それに対して「積極的平和主義」は、「私は紛争や戦争が解決するように積極的に介入します」ということですが、「私は非武装中立ですから安心してください」という立場が必要なのです。

それが「私はアメリカの軍事力（核の傘）で守られ、私自身も武装していて、いざとなればアメリカと共に戦います」という立場で平和を唱えられるでしょうか。

安倍総理の「積極的平和主義」は、平和学としての基本も必要条件も満たしていません。こんな基本的な勘違いを、なぜ専門家が指摘しないのでしょう。

★集団的自衛権

すでに何度も触れたように、集団的自衛権はアメリカと共に戦うことだから、自衛でも防衛でもないし、「憲法解釈」などによって容認できるものでもありません。これを容認するには憲法改正が不可欠ですから、閣議決定自体が憲法違反なのです。

なぜ多数の憲法学者が黙っているのか。憲法学者はすべて御用学者なのだろうか。政府の暴走に対して、国民は断固反対しなければなりません。日本がこれまで「1人の戦死者も出さず、1人の敵も殺さなかったこと」を誇りにし平和憲法を守ろう。

特定秘密保護法

特定秘密保護法とは「国家が秘密とする情報を漏らせば厳罰に処する」というものです。これには、秘密の範囲があいまいで国の都合で範囲がいくらでも広げられる、報道にも制限がかかり、国民の知る権利が奪われるなど、多くの問題があります。

例えば、「原発は危険施設だから、テロ対策のために秘密指定」

とされ、原発関連の情報は、事故、ミスなどすべて隠される可能性があります。

★非公開のまま破棄

日本は国家機密が現在42万件もあり、この5年間で5万件が秘密指定され、3万5千件が公開されないまま破棄されました。近年、過去の安保条約、米軍の核兵器の持ち込み、沖縄返還時の米軍基地問題などの密約が暴露されてきましたが、そのほとんどはアメリカの情報公開によって明らかになっています。

いま日本に必要なのは秘密情報の開示、公開なのに、政府はそれに逆行し、国民の大半が反対している中で、4回の強行採決によって成立させました。

安倍総理は、日本をどのような国にしたいのでしょう。

原発推進

2011年の東日本大震災で民主党政権が「原発ゼロ」を決定し、自民党政権もそれを維持するとしましたが、安倍総理は「原発再稼働」「必要なら新設も可能」と発言、さらには「エネルギー基本計画」では「原発をベース電源」と大転換を打ち出しました。これは国民の7割が求める「脱原発」を大きく裏切るものです。

原発は攻撃されたなら核攻撃と同じ惨事をもたらし、原発は核兵器の原料プルトニウムを生成するので核兵器保持と同じ意味合いを持ちます。

福島原発事故はいまだ収束せず、事故の原因も解明されず、事故処理も廃炉も見通しがつかないままです。事故現場は放水による冷却が必要で、それが止まれば臨界事故につながる状態であり、汚染水流出の遮断もできていません。大きな地震などで、大惨事の可能性が続いています。こんな現状で原発の推進はありえません。

憲法に照らして

> 政府の行為によって再び戦争の惨禍が起ることのないようにすることを決意し、ここに主権が国民に存することを宣言し、この憲法を確定する。そもそも国政は、国民の厳粛な信託によるものであって、その権威は国民に由来し……これに反する一切の憲法、法令及び詔勅を排除する。
>
> 「日本国憲法前文」より抜粋

この憲法の定義から、武力行使も集団的自衛権も憲法違反ですから、憲法をどう解釈しても、認められる問題ではありません。集団的自衛権を認めるためには、憲法9条だけではなく憲法前文から憲法すべてを変えなければなりません。

また憲法が禁じているのは戦争だけではなく、国民の生命と安全を脅かすことすべてですから、原発推進も、農業に大きな打撃を与えるＴＰＰ参加も、憲法違反ではないでしょうか。

日本とドイツは

ドイツは第一次大戦、第二次大戦で欧州各国とアメリカを敵に回して戦いました。ナチスは「ユダヤ人大虐殺」をしました。しかし今、ドイツは近隣国と敵対していませんし、近隣国ともアメリカとも対等に意見を述べ、対等に話し合っています。

日本はどうでしょう。

いまだに近隣国と対立し、相手国でも反日運動が続いています。アメリカにはいまだに服従、ＮＯが言えない日本。イギリスにもフランスにもドイツにも遠慮し、堂々と意見を述べられないでいます。

日本は、戦争中に被害を与えた国（中国、韓国）に高圧的な態度をとり、被害を受けたアメリカに対して忠犬のような態度をとっていること、おかしいと思いませんか。

日本の政治家は、いまだに戦争や敗戦を引きずっているのではないでしょうか。

ドイツのように自立して、どの国とも対等に渡り合える国になってもらいたいです。

＊＊＊＊＊＊＊＊＊＊《コラム》＊＊＊＊＊＊＊＊＊＊

There is no path to peace. Peace is the path.
平和への道があるのではなく、
平和こそ道なのだ。

（マハトマ・ガンジー）

Peace cannot be kept by force; it can only be achieved by understanding.
平和は力によって守るのではなく、
理解によって実現されるのだ。

（アルベルト・アインシュタイン）

Mankind must put an end to war, or war will put an end to mankind.
人類が戦争を終わらせなければ、
戦争が人類を終わらせるだろう。

（ジョン・F・ケネディ）

（訳　高木善之）

第三章　戦争とはなにか

戦争は、単なる争いや戦いではありません。

単なる争いや戦いは自然界でもよく見られます。餌を奪い合ったり、メスを巡って争ったり、縄張りを巡って戦ったりしますが、それは生きるための本能です。

しかし戦争は生きるためのものではありません。

戦争の歴史

自然界では最小限の争いしかしません。

捕食以外には相手を殺すこともないし、自分が死ぬまで戦うこともありません。

縄張り争いも、メスを巡る争いも、優劣がわかった時点で争いをやめます。

しかし人間の世界では有史以来ずっと戦争が続いています。

その理由、原因をさかのぼってみましょう。

★農耕が第一歩

人類は長く他の動物と同じように狩猟や採集で暮らしていました。その頃は、自然界と同じで最小限の争いだったでしょう。しかし1万年前に農耕が始まり、人類は一変しました。農耕により土地の所有や貧富の差が生まれ、富める者が貧しい者を支配する仕組みが作られました。それが社会です。

「人類は農耕によって進化の道を歩み始めた」とも言えますが、「人類は農耕によって不自然な社会を作り出し、滅亡への道を歩み出した」とも言えるのです。

★貨幣の発明が第二歩

数千年前、蓄積や物々交換を便利にするために貨幣が発明されました。貨幣によって蓄積や交易が盛んになり、富の蓄積に上限がなくなり、富める者たちが巨大な帝国を作るようになりました。貨幣によって強大な富と軍隊が形成され、国家が形成されました。

★産業革命が第三歩

18世紀、人類は化石燃料によって巨大なエネルギーを手に入れ、産業革命が起こり、富める者はますます富を蓄えました。その富で武器や軍隊を強化し、近隣国を征服、海外に進出し植民地支配が始まり、さらに巨大な富を集めました。
過去の巨大文明がどうなったかを考えれば、未来がわかるでしょう。

★古代文明

エジプトなど古代文明はすべて滅亡しましたが、その道筋はすべて同じでした。
消費の拡大⇓自然破壊と資源の枯渇⇓食料不足と水不足、戦争⇓滅亡
古代文明は数千年かけて滅亡しましたが、現在は消費も自然破壊もはるかに大きいのです。消費と破壊が100倍大きければ、滅亡も100倍早いのです。
さらに、古代文明は地域文明だったので滅亡は地域単位でしたが、現在は世界文明ですから滅亡は世界規模です。いま世界は滅亡に向かっているのです。

戦争とは

戦争とは「生きるための戦い」ではなく「国家のための戦い」です。
「国家のため」とは、国家の名誉、立場、主義、領土、国益などです。
しかし、ほとんどは一般の国民には関係のないことなのです。
与党の政治家や大富豪などごく少数の人たち（1％未満）のものなのです。
そんなもののために戦争するなんて、なんと馬鹿らしいことでしょう。

図表⑦：武力紛争を抱えている国々（1975年～2012年）

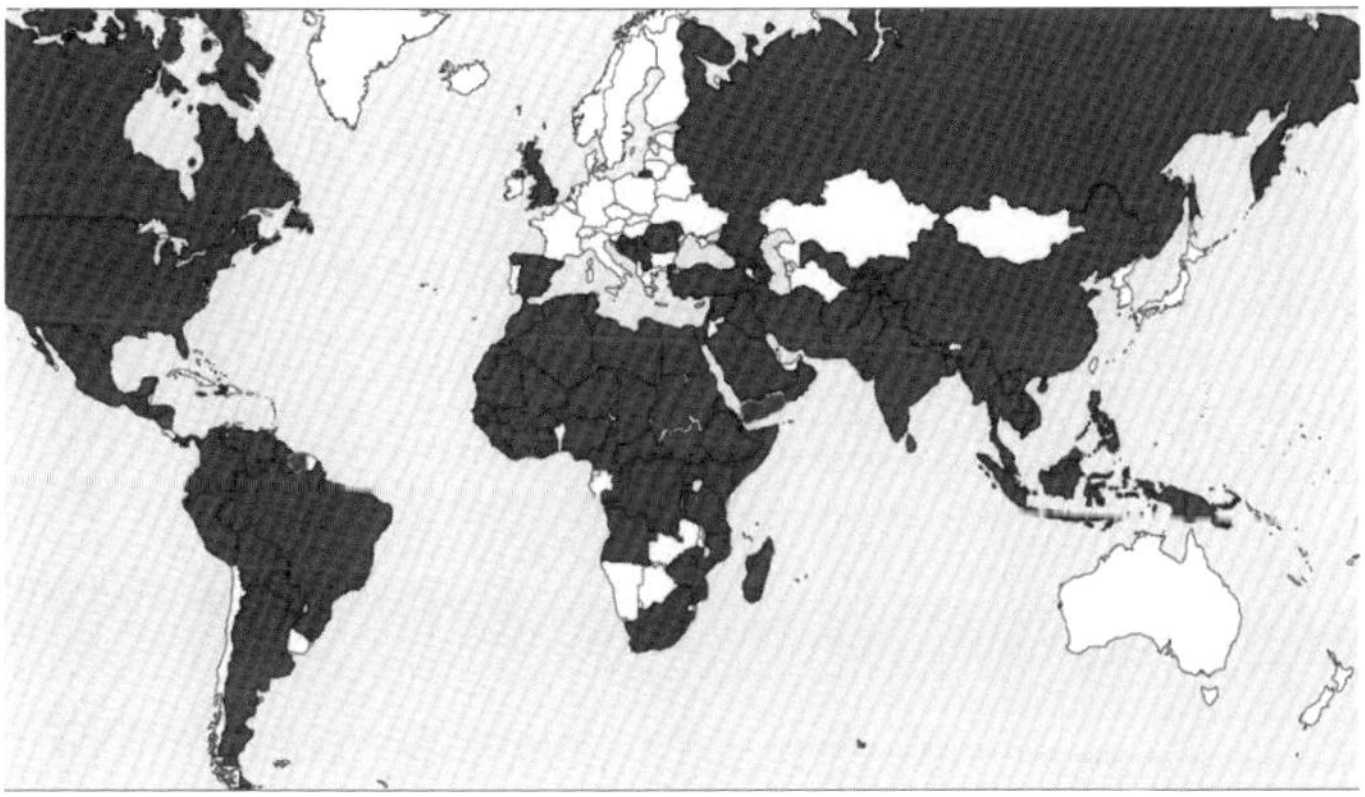

(Uppsala University/UCDP Conflict Encyclopedia)

そんなものを守りたい人たちで勝手にやればいいのです。

周りの人を巻き込まずに、無人島で素手で戦えばいいのです。

国は戦争を始めるとき、「自由と平和と生命を守るための戦い」と宣伝しますが、戦争をするから平和が破壊され、名誉も領土も国益も生命も奪われるのです。

あらためて、戦争は憲法に定める「基本的人権」や「生命、財産を守ること、生きる権利」にも違反しているのです。

「戦争は憲法違反だ」と声を大にして叫びましょう。

★紛争、戦争がある国と地域

紛争の定義は「少なくとも一方は国家政府である2つの勢力が武力行使して死者25人以

上の政府や領土に関する戦い」です。

その定義では「日中韓」は紛争直前の状況にあると言えます。

なぜ、戦争が終わらないのか

戦争を望む人と平和を望む人、どちらが多いでしょう。

平和を望む人のほうがはるかに多いはずです。おそらく100倍くらい。

単なる意見ではなく、「実際に自分が戦争に行く」ことを考えると、戦争を望む人はほとんどいないでしょう。おそらく与党の政治家でも望まないでしょう。

99%以上の人が本気で平和を望むなら、憲法改正や集団自衛権など議論にもならないはずです。

ではなぜ、戦争が起こるのでしょう。

★綱引きならば

一人を相手に100人が「綱引き」をしたならば、相手がいくら強くても絶対に勝ちます。しかし100人がいても綱を引かなければ、相手が一人でも負けます。

「なぜ戦争が起こるか」は、この状態と似ています。

「平和」を望む私たちは100倍の人数なのに「平和」という綱を本気で引いてい

るでしょうか。しかし、「戦争」を望む人たちは少数ですが「戦争」という綱を本気で引いているのです。

★**戦争を望む人たちは本気**

平和を望む私たちは、平和のための努力や活動をしているでしょうか。平和のためにお金を使っているでしょうか。おそらく、していないでしょう。

しかし、戦争を望んでいる人たちは、戦争を起こすために日々努力しているのです。相手国にスパイを送り、24時間インターネットを使って監視し、政府の電話を盗聴し、罠を仕掛け、テロを仕掛け、情報操作をし、巨額のお金を使っているのです。

なんのために？

巨大な利権を手に入れるためです。

毎年の世界の軍事費1兆7千億ドル以外にも、企業からの闇献金、オイルマネーなど、信じられないくらいの巨額資金が動いているのです。

戦争は軍需産業や産油国やオイルメジャーにとって最大のビジネスですから。

★平和を望む人たちに必要なものは

世界の99％以上の人は平和を望んでいます。

圧倒的多数が本気で平和を望むなら、平和はかんたんなのです。

戦争を起こすためには、「間違った情報を流し、怒りを煽り、正義感を煽ること」です。平和を実現するには、その逆が必要なのです。

「事実を知ること、知らせること」「冷静になること、意思表示をすること」なのです。

私たちは生活の中で知らず知らずに、戦争に加担していることがあります。

例えば、

・石油やガソリンを買うことで、オイルマネーに協力しているのです。

・電気を使うことで、原発企業や原発マネーに協力しているのです。

・軍需企業の製品を買うことで、軍需産業を応援しているのです。

・巨大銀行にお金を預けることで、国家資金に融資されるのです。

「あれをするな、これをするな」ということではありません。

こうした社会の仕組みを知り、「その仕組を改めさせるように声を上げよう」、「戦争に加担しないように努力しよう」と言いたいのです。

大切なのは、そうした事実を知ること、知らせること、意思表示なのです。

＊＊＊＊＊＊＊＊＊＊＊《コラム》＊＊＊＊＊＊＊＊＊＊＊

Peace begins with a smile.
平和は、ほんの少しの微笑みから始まる。

（マザー・テレサ）

Peace is not a relationship of nations.
It is a condition of mind brought about by a serenity of soul.
Peace is not merely the absence of war.
It is also a state of mind. Lasting peace can come only to peaceful people.
平和とは、国と国の関係でもなく、
戦争が無いだけでもありません。
平和を願う人々によってもたらされる心の状態なのです。

（ジャワハルラール・ネルー）

（訳　高木善之）

第四章　平和のつくり方

日本の現状は、戦後最も危険な状態です。

いまこれを書いている時、ニュースが流れました。

「村山富市元首相は1月30日夜、都内で開かれた『新春の集い』で、安倍首相の靖国神社参拝に対し『自分の気持ちを守るために国を売るような首相があるか。これは間違いだ』と厳しく批判した」

多くの人が同様の危惧を感じています。

最後の章では、平和の実現について、私たちの役割について述べていきます。

国として

日本は戦後、平和憲法を作り、軍隊を持たない（非武装）不戦の平和国家を誓ったはずでした。この平和憲法は世界的にも画期的なことです。しかし、安倍政権は憲法改正により、自衛隊を国防軍と改め、戦える国に変えようとしています。

平和国家、平和憲法を守るには、どうすればいいのでしょう。

★問題を認め、話し合うこと

日本政府は

・尖閣諸島、竹島については「領土問題は存在しない」

・従軍慰安婦問題については「解決済み」

・過去の戦争については「侵略戦争ではない」

・靖国神社問題については「内政干渉で受け入れられない」

と主張していますが、相手が納得していない限り、問題は存在し、解決していないのです。解決に向けた努力をしないまま、相手と向き合わないまま、一方的な主張を繰り返すだけでは問題解決はしません。

日本政府の姿勢に対して、米国、ロシア、欧州からもイエローカード（警告）が出され、周りにも影響が広がっています。

★問題解決案

・尖閣諸島、竹島は共同管理に、地下資源は共同出資、共同開発に

・慰安婦問題は、謝罪と賠償を含めた話し合いを

・靖国問題は、国が宗教性のない追悼施設を作ること（戦犯は分祀）

※他の国では、戦争犠牲者については国の追悼施設があり宗教色はありません。ドイツでも戦犯者のための追悼施設はありません。

★国防は根本から改める

これまで日本は「一定の防衛力を堅持」という方針で毎年数兆円（国民一人あたり数万円）の防衛予算をかけてきましたが、それを改め、非武装中立国家になることです。これは新たな挑戦ですが、実はすでに軍隊を持たない国は26カ国あります。このことをすでに実行している国があります。それはコスタリカです。

コスタリカは、内戦の多い中米にあり、アメリカの強い軍事力の影響を受けながら、すでに60年間も「非武装中立」を貫いています。

１９４９年に憲法制定、常備軍を廃止、軍

図表⑧：軍隊を持たない国　26カ国

アイスランド共和国、アンドラ公国、キリバス共和国、クック諸島、グレナダ、コスタリカ共和国、サモア独立国、サンマリノ共和国、セントクリストファー・ネヴィス、セントヴィンセント・グレナディンズ、セントルシア、ソロモン諸島、ツバル、ドミニカ国、ナウル共和国、ニウエ、ハイチ共和国、ヴァチカン市国、バヌアツ共和国、パナマ共和国、パラオ共和国、マーシャル諸島共和国、モーリシャス共和国、モナコ公国、ミクロネシア連邦、リヒテンシュタイン侯国の役割は警察に移管されました。「兵士の数だけ教師を」を合言葉に、軍事予算を教育予算に回し教育国家となりました。1987年にはアリアス大統領が中米紛争解決に尽力し、和平を実現、ノーベル平和賞を受賞しました。

このようにコスタリカは、人権擁護、民主主義の国として存在感を見せています。

「非武装中立」に日本が加われば、世界に大きな衝撃と勇気を与えるでしょう。すぐに軍隊を廃止するのではなくとも、段階的に進めていければよいのです。

1. 「10年後、日本は非武装中立国、平和立国になる」と宣言する
2. 防衛省を平和省へ改める
3. 平和省は平和外交を開始する
4. 自衛隊を「防災隊」に改める
5. 安保条約、米軍基地を廃止する

個人として

いまの日本は民主主義国家ではありません。

政治家は国民の声を聞かず、公約も守りません。

社会の仕組みも「経済優先」のまま、いまだにひどい格差と不平等があります。

平和の実現には、本当の民主主義を実現することが必要です。

それには、国民一人一人がもっともっと意見を述べ、社会への影響力を高めていくことです。

1. 事実を知ること
2. 自分の意見や考えをもつこと
3. 自分の意見を述べ、人の意見を聞くこと
4. 社会に意思表示をし、社会に影響を与えること

これらは、以前ではとても難しいことでしたが、いまはネットの時代です。ネットでも意見はかんたんに発信できますし、できることはたくさんあります。

5. 反対署名などに、ネット上で賛同のクリックをする
6. 政府に対する意見（パブリックコメント）に、ネット上で意見を述べる
7. 国や自治体主催の公聴会（タウンミーティング）に参加し意見を述べる
8. 『地球市民国連』の提示

★『地球市民国連』

現状の国連は、大国支配のため、真の平和の実現が困難です。

そこで全世界の市民（地球市民）による『地球市民国連』を提案します。

地球市民とは、あえて国境や国益を超えた地球全体の市民という意味です。

何億人という地球市民がインターネットでつながり、ネット上で平和の実現について意思表示し、協力し行動するのです。

例えば、平和に貢献する団体や個人、国や企業に対して、賛同や支援の意思表示と行動をするのです。技術支援や物資の支援、資金の支援を行うのです。

平和に逆らう国や企業に対して、迷惑行為をやめるよう地球規模の市民が意思表示や警告を与え、その国に観光に行かない、その企業のものを買わない、一切の協力をしないという市民レベルの「経済制裁」や「不買運動」をするのです。

何億人という規模の市民の意思表示と行動は、国家レベルの経済制裁よりも大きな力となります。

生き方として

平和を実現するためには、求めるだけではなく、自分も努力が必要です。

暴力的な姿勢で平和を求めても、伝わらないし実現もしません。

国に平和を求めるならば、自分自身が平和を目指さなければなりません。
国に自立を求めるならば、自分自身も自立を目指さなければなりません。
国に責任を求めるならば、自分自身も責任を意識しなければなりません。
民主主義を求めるならば、自分自身も民主主義を理解し、努力が必要です。

★信じ込むことは争いのもと

争いの原因は、「自分は正しい、相手が間違っている」と信じ込むことです。
これは国と国との問題だけではなく、人と人とのトラブルでも同じです。
詐欺も犯罪もそこにつけ込んできます。
常に「本当はどうか」と自分を省みること、振り返ることです。

★正しいものはない

自然界には「良い、悪い」も「きれい、きたない」もありません。
「権利、義務」も「法律、憲法」もありません。
しかし自然界はうまくいっています。
人間界は、いろんなものを作り出しましたが、うまくいっていません。
なぜなら現状の仕組みが不自然だからです。

不自然なものをいくら作ってもうまくいくはずがないのです。
江戸時代は200年以上も戦争もなく、大きな問題もなく持続したのです。
それと比べれば、今の社会は、はるかにおかしいのです。
「正しい、正しくない」も不自然なものなのです。
自分の都合で作ったものは、他の人には都合が悪いのです。
それをいくら押し付けてもうまくいくはずがないのです。

★話し合うしかない

古代文明が滅びていったとき、文明の崩壊に気づいた人たちがいたはずです。
警鐘を鳴らし、崩壊を避ける方法を提示したはずです。
しかし文明の崩壊は避けられませんでした。なぜでしょう。
事実を知らせたくない人たち、事実を知りたくない人たちがいたからでしょう。
事実を知り、解決に向けて話し合っていれば滅亡は避けられたはずです。
それには、事実を知った人たちが勇気を持つこと。
無視されようと、脅されようと、屈しないこと。
事実を無視するのも、脅したり圧力をかけたりするのも、こわいからです。
臆病な人たちに屈してはいけません。

少しの我慢、少しの勇気を持てばいいのです。

事実を知りたい人は、知りたくない人より100倍も多いのです。

平和を望む人は、望まない人より100倍も多いのです。

事実を知れば、圧倒的多数の人たちが立ち上がります。

「仲間がたくさんいる！」ことを信じることです！

意見の違う人達と話し合うことです！

同じ意見の人たちとつながることです！

★「非対立」

「非対立」というのは「対立を避ける（避対立）」という意味ではなく「対立せずに問題解決をしよう」という意味です。そのためには、知恵と力量が必要です。

「非対立」を理解するために、対立について考えてみるとわかりやすいでしょう。

対立の原因は、
・主義主張を繰り返す
・相手の意見に耳を貸さない
・「自分が正しい、相手が間違っている」と信じ込む
・敵意や恐怖を抱く

・本気で向き合わない、話し合わない

書けば書くほど、現在の日本政府の姿勢と重なってしまいます。

「非対立」は、その逆ですから、

・主義主張しない

・相手の意見をよく聴く、理解する

・事実を知る、知らせる

・解決方法を話し合う

・双方が納得する解決方法は必ずある

★「五事」を大切に

問題解決に大切なことを五箇条にまとめました。

1．よく観る（watch）

「見る」は、ふつうに目で見ること。（see）

「観る」は、心を込めて見つめること。（watch）

ふだん気づかないことが、いろいろ見えてくる。

2. よく聴く（listen）

「聞く」は、聞こえている、ということ。（hear）
「聴く」は、心を込めて耳を傾けること。（listen）
相手の言葉の意味だけではなく、思い、気持ち、真意がわかる。

3. 受け止める（receive）

「受け止める」は、真意を理解すること。本当にわかること。

「受け流す」「聞き流す」（＝無視する）のでもなく、「受け入れる」（＝同意する）のでもない。

心の中で（また言っている）とか（間違っている）などと批判したり無視したりせず理解しようとすること、わかろうとすること。

4. よく考える（think）

ものごとの本質を見極める。「本当はどうか」という視点で深く考え直す。

勘違いや誤解、勝手な思い込みがないか、よく確かめ、見直し、改める。

5. よく伝える（communicate）

誤解がないように、勘違いがないように、わかりやすく伝える。

よく伝わったか、確かめること。

私はこの30年続けてきた基本理念は「非対立」と「五事」でした。

私の人生は、そろそろ最終コーナーです。

この基本理念をいまあなたにバトンタッチしたいと思っています。

★本当の意味の平和とは

平和は「戦争がない」「貧困がない」「不幸がない」という社会の状態ではなく、なにかあっても、それと向き合い、解決できるという人々の状態ではないでしょうか。

逆境の中でも平和に生きられる人もいるし、その人にとっては、その社会は平和なのです。

恵まれた環境でも戦い続けている人もいるし、その人にとっては、その社会は戦場なのです。

平和は自分の心のあり方ではないでしょうか。

ということは、平和は他人にお願いするものではなく、自分の気持ちを変えることですぐにでも実現できるのです。

希　望

★戦場のメリークリスマス

第一次大戦のクリスマスの日、イギリス軍とドイツ軍が対峙していた西部戦線で、ドイツ軍から「きよしこの夜」の歌声が流れた。イギリス軍もそれに応えた。ドイツ兵が一人、白旗を持ってイギリス軍に歩み寄り、「メリークリスマス！」と叫んだ。一人のイギリス軍の将校も歩み寄り、「メリークリスマス！」と答えた。2人はしばらく話をし、イギリス軍の将校は「君は英語がうまいね」と言った。ドイツ兵は「私はイギリスで勉強していました」と答えた。

2人がそれぞれの陣営に戻ると、双方から兵士が出てきて、互いに歩み寄り、握手を交わした。チョコレート菓子や酒、タバコなど配給品や贈り物の交換が行われ、共に双方の死者の埋葬もした。

これは実際に戦場で起きた奇跡、「クリスマス休戦」だった。

30キロに及ぶ西部戦線の数十万人の兵士の半数が、これと同じことを経験した。

小説『ビルマの竪琴』でも同じようなエピソードが描かれています。

ビルマ戦線で日本軍がイギリス軍に包囲され、自決を覚悟した時、森の中から歌声が聞こえてきた。よく聞くとそれは「埴生の宿」ではないか！日本軍は「なんだ！敵じゃなかったのか！」と一瞬喜んだが、次の瞬間、「聞け！あれは英語だ！」……

しかし水島上等兵の奏でるビルマの竪琴に合わせて、日本兵も唱和した。

そのことで状況が一変。イギリス兵は森から出てきて、共に肩を組んで歌い合う感動的なシーンが描かれている。

実話かどうか定かではありませんが、戦争は個人の憎しみや戦いではないのです。

★名もなき英雄たち

1991年の歴史的大事件「ソ連崩壊」にも、こんなシーンがありました。

当時、ゴルバチョフ大統領の民主化に反対する保守派が軍事クーデターを起こし、大統領を監禁し、戦車隊には「反逆者エリツィンらを制圧せよ」との攻撃命令が下った。しかしモスクワに入った戦車隊は、何万人もの市民に取り囲まれ立ち往生。

戦車隊の若き隊長は、「お前たちこそ反逆者だ！」という市民の声に驚き、真相を確かめるべく一人でエリツィンらが立てこもる建物に向かった。

しばらくして戻ってきた隊長は部下たちに告げた。

「私は市民の側につく。君たちは自由だ。自分で判断するがいい」と。

やがて隊長を先頭に全戦車は方向転換して撤退。モスクワ市民は歓喜した。

この戦車隊の反乱が、その後の流れを大きく変えたという。

その時、同時進行で保守派の臨時政権の記者会見が行われていた。

臨時政府代表が「国家に反逆する者たちを制圧した」と発表したことに対して、若い女性記者が「国家に反逆しているのはあなた方だ」と激しく抗議。これは当時のソ連ではありえないことだった。厳しい報道管制をかいくぐって1人のジャーナリストが、これら一部始終を世界に報道したことで、世界がこの軍事クーデターを注目。軍事クーデターは失敗に終わり、復権したゴルバチョフ大統領の「共産党活動停止」の指示により、世界の見守る中でソ連は崩壊した。


私は当時、この映像をテレビで見て、とても感動しました。

おそらく世界中の人が感動したことでしょう。

ソ連崩壊の20年後を特集したテレビ番組で、当時の「名もなき英雄たち」が20年老いた姿で現れ、「当時は夢中だった。しかしこの20年、一度も後悔したことはなかった」と誇らしく語っていました。


この冊子を読んでおられる方が、このような名もなき英雄の一人になっていただきたい。私は心からそう願い、心からそう祈っています。

＊＊＊＊＊＊＊＊＊＊＊《コラム》＊＊＊＊＊＊＊＊＊＊＊

イ マ ジ ン
～ 国境の無い星 ～

ジョン　レノン
（訳　高木善之）

想像してみてごらん
天国なんてないんだ、地獄だってないのさ
ただ空が広がっているだけさ
みんな、今を生きているんだ

想像してみてごらん
国家なんてないんだ、難しいこともないのさ
殺し合うこともないし、宗教だってないのさ
みんな平和に暮らしているだけなんだ

想像してみてごらん
所有なんてないんだ、わかるかな
欲張りしたり、飢えることもないのさ
みんな兄弟で、１つの世界を分かち合っているんだ

君は僕のことを夢想家と言うかもしれない
でも、僕だけじゃない
きっといつか、君も仲間になり、世界は一つになるんだ

あとがき

コスタリカに行く前に、原稿をほぼ書き上げ、帰国してから校正しています。

コスタリカは「軍隊を廃止した国」として有名ですが、それだけではありません。

安倍総理の唱える「積極的軍国主義」とは違い、本当の「非武装中立・積極的平和主義」なのです。平和の仕組みを構築し、それを近隣国に伝える努力をし、国連を通して平和を働きかけているのです。

★若者の訴えが大統領を変えた

イラク戦争の時、コスタリカの大統領が「アメリカを支持する」と意思表示したことに対して、一人の若者が「それはおかしい。平和憲法に反する」と最高裁判所に訴えた。そして「大統領の意思表示は憲法違反」の判決が下り、大統領は謝罪して意思表示を取り下げた。それがきっかけでその与党は国民の支持を失った。

★小学生の訴えが学校を変えた

コスタリカのある小学校で、校長の判断で校庭の一部が駐車場になってしまったことに対して、一人の小学生が「それはおかしい。私たちの遊ぶ権利が奪われた」と最高裁判所に訴えた。そして「その判断は憲法違反」という判決が下り、校庭は元に戻された。

コスタリカでは、憲法や人権については誰でも最高裁に訴えることができます。しかし日本では、地方裁、高等裁、最高裁という順序になっているだけではなく、一般の人だけでは訴訟は困難な仕組みになっているのです。

コスタリカの「非武装中立」「積極的平和主義」「社会の仕組み」については、次に書きたいと思っています。

平和の精神として最も大切なのは「非対立」と「五事」だと思います。

このことが身につけば、あなたは変わります。

あなたが変われば、周りが変わり、社会が変わり、未来が変わります。

2014年2月6日　高木　善之

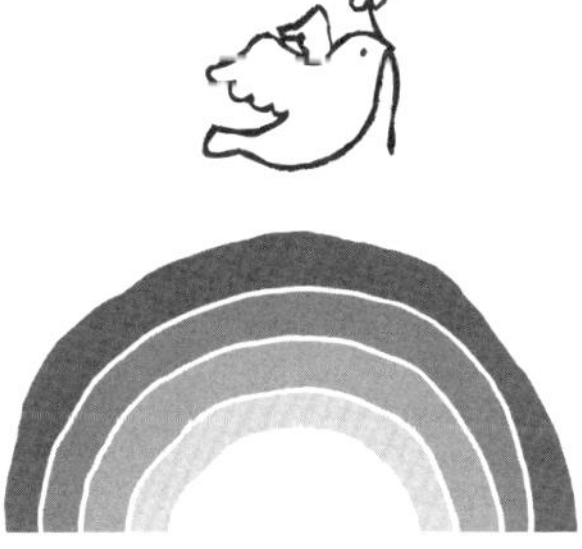

高木 善之（たかぎよしゆき）

大阪大学物理学科卒業、パナソニック在職中はフロン全廃、割り箸撤廃、環境憲章策定、森林保全など環境行政を推進。ピアノ、声楽、合唱指揮など音楽分野でも活躍。

1991年　環境と平和の国際団体『地球村』を設立。リオ地球サミット、欧州環境会議、沖縄サミット、ヨハネスブルグ環境サミットなどに参加。

著書は、『地球村とは』『幸せな生き方』『すてきな対話法 MM』『びっくり！よくわかる日本の選挙』『キューバの奇跡』『大震災と原発事故の真相』『ありがとう』『オーケストラ指揮法』『非対立の生きかた』など多数。

『地球村』公式サイト
（高木善之ブログ・講演会スケジュール・受付など）
http://www.chikyumura.org/

『地球村』通販サイト EcoShop
http://www.chikyumura.or.jp

メルマガ
“一日一善之”

お問合せ先：『地球村』出版（ネットワーク『地球村』事務局内）
〒530-0027 大阪市北区堂山町 1-5-301
tel:06-6311-0326　fax:06-6311-0321
http://www.chikyumura.org
Email:office@chikyumura.org